DE LA CAVERNA
A LA PLENITUD

ExLibric

MARÍA ASCENSIÓN FERNÁNDEZ PÉREZ

DE LA CAVERNA
A LA PLENITUD

EXLIBRIC

ANTEQUERA 2023

DE LA CAVERNA A LA PLENITUD
© María Ascensión Fernández Pérez
Diseño de portada: María Ascensión Fernández Pérez

Iª edición

© ExLibric, 2023.

Editado por: ExLibric
c/ Cueva de Viera, 2, Local 3
Centro Negocios CADI
29200 Antequera (Málaga)
Teléfono: 952 70 60 04
Fax: 952 84 55 03
Correo electrónico: exlibric@exlibric.com
Internet: www.exlibric.com

ISBN: 978-84-19827-44-9
Depósito Legal: MA 928-2023

Nota de la editorial: ExLibric pertenece a Innovación y Cualificación S. L.

MARÍA ASCENSIÓN FERNÁNDEZ PÉREZ

DE LA CAVERNA
A LA PLENITUD

Soy un poquito animal

No soy humana,
sólo un poquito animal.
Disfruto de las flores sutiles,
de las gotas de rocío,
de la luz del sol.

La luna viene a verme.
La saludo.
Me sonríe.
La hablo sin palabras,
porque soy un poquito animal.

Entre el follaje
me muevo invisible,
casi transparente,
cantando a la muerte,
porque soy un poquito animal.

FICCIÓN

Qué triste pensar
que la ilusión es verdad.
Vivir creyendo que se vive
una gran realidad.

Qué triste pasar
sin saber que todo es soñar.
¡Qué rejas tan fuertes
oprimen la libertad!

Qué ilusión tan triste
la de «vivirse de verdad»,
sin siquiera llegar a sospechar
un poquito de la realidad.

Raza humana

Raza humana:
no soy de tu raza.
¡Qué vergüenza!
¡Qué comercio!
¡Qué maldades!
¡Qué negruras inconfesables!
¡No soy de tu raza!

Dejadme en el fresco arroyo.
Olvidadme por completo.
Nada tengo de vosotros.

Dejadme del llanto,
del asco de haberos conocidos.
¡Dejadme!

Y, como los pájaros silvestres
y los animales del bosque,
sólo vivir la inocencia,
sobrevivir, morir.

Con esto, no te pido permiso.
Desde que vivo, vivo sin ti.
Alegre, feliz.

Qué gran placer
sentir la fragancia de las flores
y el susurro en los oídos
de no formar parte
de la humanidad.

Amor insospechado

Las alas de la libertad
a este universo,
permanente y eterno, me trajeron.

Goce sutil
de dicha placentera.
Armonía que todo lo invade.

Recuerdos borrados,
piedras esfumadas
y el sublime goce
de amor que penetra,
invade y expande
los sentidos trascendidos,
nunca antes conocido.

Flotando, danzando, musitando
la eterna armonía.
Irreductible universo
de amor insospechado.

Soy de ninguna parte

No tengo casa
ni ciudad
ni provincia
ni planeta.

Partícula feliz donde nadie sospecha.
Lejos de la ficción,
de la mentira.
Integrada en lo absoluto.
Belleza de amor
donde el torpe pensamiento no alcanza.
Pobre y eterno caminante
siempre en el fango sumergido.

No llames a mi puerta

Si has de llamar a mi puerta,
no lo hagas
porque no la encontrarás.

Mi hogar no tiene puerta
ni ventanas
ni cimientos
ni tejado.
Sólo el mundo etéreo
de la felicidad.

No hay lazos
de paquetes de regalo
ni besos
de cariño envenenados.

Murieron las puertas
y los lazos de regalo.
Sólo vive la dicha sublime
de belleza inefable
y amor insospechado.

EL GRAN DESCONOCIDO

Entre pompas sublimes de amor
me regocijo.
Soy alas de belleza
en lo infinito
del gran desconocido.

Levito en libertad
de belleza etérea.
Gozo de gozar
en paraje inefable.
Tan infinitamente lejos,
tan en mí.
Paraje de aromas delicados
de dulces colores.
Belleza sutil
del gran desconocido.

Insospechado lugar

Estoy aquí,
lejos,
muy lejos,
en un lugar insospechado,
lejos de ese lugar
donde te detienes a leer.

No lo puedes imaginar.
Por eso, aún,
sigues leyendo,
buscando en las palabras
lo que la imaginación no alcanza.

Caminando sin saber a dónde ir,
indagando en la lectura,
buscando un mundo feliz,
sin darte cuenta
que no existe
dónde estás tú.

Volar, volar y volar
más allá
de lo que puedas imaginar.

Volar, volar y volar
más allá
de donde llega la libertad.

Volar, volar y volar
siempre muy dentro de ti,
en la nada de lo infinito,
en lo infinito de ti.

Inefable universo de paz,
de infinito amor,
de belleza sin mesura
en este insospechado lugar.

MUTISMO SONORO

Estas letras
son flores que quedaron
bastante después
de que me fui.
Son pétalos hermosos
de flores silvestres,
de palabras que no pronuncié,
de secretos que siempre guardé.

Mutismo sonoro
de quien ve, calla y camina.
Lento caminar
sin prisa ni pausa.
Lágrimas que caen
regando flores emocionadas.
Sonidos que silban
música de otro firmamento.
Sensaciones que derraman
fonemas de poesía.

Estando ya muy lejos,
entona este cántico
el viento enamorado
de este viaje sin retorno,
de esta melodía
que en el aire deja
un cántico de alegría.

GOCE INDEFINIDO

Nunca esperé,
sólo caminé.
Me elevé a través de mí.

Paso a paso fui subiendo
los peldaños del anhelo
que ardía en mí.

Anhelo de estar
muy lejos,
muy lejos de allí.

Anhelo de gozar
la belleza inmensa,
el amor de aquí.

Lugar donde la felicidad
pierde la palabra
y se queda desnuda
para ser concepto
de goce indefinido.

Belleza de amor

Gozo de infinito amor
después de decir
a la muerte adiós.

Adiós, porque no te quiero.
Adiós, porque eres muy fea.
Adiós, porque eres rueda
de eterno retorno.
Adiós para siempre adiós,
cadena humana que
concatena el dolor.

Estoy en belleza
de vida insospechada.
En belleza
de paz indefinida.
En belleza
de felicidad inaudita.
En belleza
de amor que invade
e inunda mi ser
de goce inefable,
de dicha tan feliz
como inconmensurable.

Goce sublime

Vivo el silencio
de la paz
y la pausa de las horas.
Escucho el mutismo
de una melodía
que expande los sentidos
en goce sublime
de silente amor eterno.

Plenitud

Aquí, soy feliz.
Aquí, donde no existe el tiempo
ni el sol ni la luna.

Aquí, dentro de mí,
en este lugar infinito
donde volando llegué.

Aquí, más allá de las estrellas,
de cualquier plano interestelar,
para quedarme tranquila
en la eternidad.

Aquí, soy feliz,
universo en mí,
donde nada existe,
donde todo es,
donde el amor inunda
los sentidos de placer,
donde la belleza no se calcula
por lo inmensa que es,
donde se vive la plenitud de ser,
la plenitud de la dicha
gozando de su placer.

Paraje de amor

Una leve melodía
susurra los sentidos.
La paz los invade
e inunda de alegría.
Vaporosas partículas
levitan en belleza desconocida.
En tan elevado paraje,
no existen anhelos ni deseos,
sólo amor puro y bello
donde habita la poesía.

Bondad de sabiduría

Escucho dulce melodía
en este paraje
henchido de vida y alegría.

Paraje, tan hermoso,
donde la vida se recrea.
Plácido como los seres
que por él pasean,
como los pétalos blancos
que lo invaden y rodean.

¡Cuánta belleza!
Seres luminosos
de bondades que sonríen
al calor de la sabiduría.

Elevado lugar

        Conceptos que brotan
de manantial sereno
como el gozo de amor que contengo.
Gozo que no alcanzo a expresar,
pues las palabras no contienen
melodías de bondad
ni cánticos de amor
que al oído susurren
conceptos de paz.

        Belleza más sublime
que la fragancia de las flores.
Tan sublime como el aroma de la poesía,
de la poesía que no conoces
por ser la que fluye en perfecta armonía
con el cántico amoroso
de tan elevado lugar
donde susurra canciones de felicidad.

Secreto de amor

        Certeza de verdad rotunda.
En ti, soy feliz.
En ti, soy vida.

        Las alas de la imaginación
me condujeron hasta ti
para no volver.
Secreto de amor inconfesable
por lejano, puro y desconocido.
Secreto de placer certero
como la verdad que en ti vive,
como el amor que tú eres,
como la realidad que soy
estando en ti,
secreto de amor rotundo.

Sublime sensación

¡Qué belleza me rodea!
¡Qué fragancia!
¡Qué alegría!
¡Qué cántico tan sutil!
¡Qué sensación de dicha!
¡Qué sublime melodía!

Por aquí, paseo sin rozar el suelo.
Por aquí, revoloteo con el suave aleteo
de mis alas transparentes.

La armonía invade los sentidos.
La paz se vuelve inmensa.
La inmensidad no tiene fin.
Esta felicidad tampoco lo tiene
por ser plenitud del ser.

Armonía

Vivo viviendo muy lejos de allí.
De otra manera, no podría vivir.
Fui desertora
de un ejército llamado dolor.
Por desiertos angostos caminé.
Entre granos de arena desaparecí.
Las dunas fueron mi tumba.

Por primera vez,
sentí que era feliz.
Feliz como el dulce aroma
que mis sentidos
comenzaban a percibir.
Feliz como nunca había sospechado.
Tan inmensa fue mi dicha
que sólo pude vivir.
Vivir en este amor,
en esta belleza plena,
en esta alegría desconocida,
en este placer inmenso
donde plenitud y armonía,
amorosamente,
invaden los sentidos.

Inefable realidad

Flotan pétalos blancos.
Cálidos copos de nieve
suben y bajan,
van y vienen
lenta y reposadamente.
Se juntan, se diluyen, se separan
formando belleza insospechada.

Este es mi universo.
Los copos, mi verdad.
Mi esencia, un pétalo blanco
que vive inefable realidad.

CEREBRO INFIEL

Lo que ves no existe.
Lo que crees no es verdad.
Tu cerebro está lleno de virutas
que impiden la felicidad.

Quema las virutas.
El cerebro infiel.
Después,
en la nada de la nada,
comenzarás a sentir
lo que eres en realidad.

La vida conocí

Formado por el concepto amor.
No existen los contrarios.
Solamente, pura felicidad.

En este universo, la vida conocí.
Manantial cálido y tranquilo
donde se regocija mi ser
en éxtasis de placer.

Tu gozo goza en mí.
Inefable felicidad
que acoge todo mi ser.

No hay medida

Mis versos no están sujetos a medida,
porque no lo están las flores del jardín
ni la belleza de su fragancia
ni el universo infinito
donde habita el amor.

REGALO DE POESÍA

Poesía, qué alegría
poder contigo hablar.
Qué regalo el de gozar
de tu bella compañía.

DESCANSO FELIZ

Estoy yaciendo en el placer
de un mundo sin tiempo ni espacio.
Yaciendo en la ingravidez
de dicha sublime,
de eternidad sin retorno,
de este siempre estar
en goce de felicidad
sutil y cálida
como el aire que respiro.
Aliento de amor,
que penetra e invade los sentidos.

Estoy yaciendo en un paraje desconocido
donde mi ser descansa
sin materia ni pasado ni futuro,
simplemente siendo
feliz en el presente eterno.

FELICIDAD DE AMOR

Felicidad que derrama
partículas de paz.
Felicidad en la que vivo
amor insospechado.
Armonía que invade los sentidos
y mi dicha vuelve inefable.
Desconocido amor
de dimensión prohibida.

REMANSO DE BONDAD

No estoy lejos
ni cerca,
sencillamente, soy.

No soy tiempo
ni materia
ni pensamiento.

Soy inefable,
pues la imaginación
no alcanza a sospecharme.

Soy remanso de paz,
concepto puro de amor,
donde la armonía
inunda los sentidos,
donde el gozo es inmenso
y la eterna dicha
remanso de pura bondad.

EN LIBERTAD

Escribir y escribir,
en cada instante podría,
eternamente, escribir sobre ti.

Armonía sublime.
Amor inefable.
De ti se compone mi ser.
Ambos formamos universo rotundo,
nadie lo puede divisar,
nadie está dispuesto a contemplar
la amargura de su dolor,
las cadenas de su esclavitud.

A María Eugenia García Gutiérrez (i)

Amiga mía,
partículas que viven
más allá de las estrellas
un día nos acercaron.

Estábamos en perpetua agonía.
Sólo la muerte era la salvación.
Ambas lo sabíamos,
pero no podíamos alcanzarlo aún.

Muy duro camino emprendimos.
Con dos copas brindamos.
Sólo dos verbos pronunciamos:
vencer y morir.

Lo poco que nos quedaba,
al arroyo lo tiramos.
Valientes y seguras
por sendero desconocido nos adentramos.

Las espaldas juntas,
el avance lateral.
Ni miedo ni duda.
Sólo decisión y valor.

Escudos firmes.
Espadas desenfundadas
preparadas para matar.
Para matar fantasmas,
mentiras, falacias.
Para matar lo aprendido,
lo conocido.

Cual tornado
lento y devastador,
todo lo fuimos aniquilando
y, con ese todo,
nuestros nombres también.

Sólo éramos entes
luchando hasta el final.
Ni tregua ni descanso.
Adelante con paso lateral.
Cubriendo los puntos cardinales.
Impertérritas ante la guerra total.

Guerra al engaño,
a la tristeza, al desaliento.
Guerra a todos los monstruos
que nos encadenaron
ante la pared de la ficción.

Ya no vale la mentira
de las cadenas de la prisión
ni las sombras engañosas
que ciegan la visión.

Todo lo fuimos destruyendo,
matando sin cesar.
En batallas infinitas estuvimos
afrontadas con lealtad.

Lealtad a nuestra esencia
que necesitaba respirar,
expandirse, crecer,
vivir la realidad,
desplegar las alas
de la verdad.

Alas que comenzaron sutiles
y se fueron desplegando
ante la firmeza
de nuestra valentía,
ante las luces de la libertad.

Atrás quedó la caverna
y, en ella, los fantasmas
con sus cadenas.

En la luz, botábamos de contentas.
En el aire, revoloteábamos,
juguetonas y revoltosas,
cual vidas que comienzan a vivir.

Sólo volar y contemplar
la belleza de la realidad.
Descubrir las alas expandidas
y el relax de respirar
los nuevos aires
de dimensión prohibida.
Conquistada a puro pulso
con espadas que mataron
los nombre y pronombres,
las pantallas de los cines,
las leyes escritas,
los libros editados
y las voces del pasado.

Dimensión prohibida
por bella y pura,
por estar llena de bondad.

Ni tiempo ni espacio.
Sólo aire donde la vida
consigue respirar
y vivir la dicha de su verdad.

Nacimos al fin
en este remanso prohibido.
Paraje de bondad
donde dicha y belleza confluyen
en el gran prohibido,
en el puro amor
que inunda los sentidos.

GRANDEZA

Qué grandeza tan inmensa
la de no ser grande ni chica ni mediana
Qué grandeza esta,
que se expande en los sentidos
siendo grande sin ser,
inmensa en lo infinito de la nada.

Qué grandeza invade e inunda el ser.
Tan grande que no cabe en sí.
Tan grande que se convierte en nada.
Etérea como la materia que se hace polvo.
Sublime como el polvo que se hace humo.
Inmensa como el humo que desaparece en la nada.

Esa es la grandeza, la inefable,
de la que nadie habla,
de la que nadie dice,
ante la cual la épica se queda muda
y desaparece la palabra.

La grandeza sólo forma parte
del mundo intangible
donde la verdad
mata lo que no corresponde
para elevarse sobre si misma
logrando la grandeza de la realidad.

Realidad desconocida,
a excepción de los entes que rompen, matan y traspasan
las férreas cadenas de la materia de la ficción.

A María Eugenia García Gutiérrez (II)

Amiga mía,
la poesía piensa en ti,
te mira serena y feliz.

Juntas hicimos el duro camino.
Juntas vencimos las hordas de la ficción.
Compañeras fuimos en la guerra total.
Impertérritas luchamos hasta la victoria final.
Amigas somos en la dicha
conquistada con tesón.

Por eso, la poesía quiere hablar de ti,
de tu inefable armonía y la silente sonrisa
expresión de tu valor.

La belleza inunda tu ser
y la felicidad te llama
a través del eco de las altas montañas
para vivir la paz desconocida.

En muy bello paraje habitas.
Eres cálido copo de nieve
donde la belleza penetra e invade
arrullándote en un gozo de amor insospechado.

La poesía siente tu dicha
y canta su canción de sublime melodía.
Sabe que tú, también, eres poesía.

Sin palabras

Voz silente que escucho y traduzco
de conceptos a palabras
en frases de sintaxis
desde este paraje
al pozo profundo
donde habita la ficción.

Somos partículas luminosas
que, de cuando en cuando,
nos asomamos a la noche profunda.
Nos reímos y escondemos, y volvemos a asomarnos
por si alguien nos puede percibir.

Mundo bello y sutil de realidad.
Manantial sereno de paz,
de donde emanan los conceptos,
la belleza que no puedo traducir,
el amor que no puedo explicar,
la realidad, pura de verdad,
de la que no acierto, con palabras, a hablar.

Caudal de paz

Caudal de alegría que el aire expande
en paraje de bondad perenne.
Luminosas partículas vienen y van,
juguetonas y alegres,
creando formas de belleza que no se puede igualar.

Juegos de eterna alegría, de amor, de paz
donde la sonrisa es permanente y la felicidad total.
La palabra se queda muda.
Los sentidos gozosos de placer.
Mi esencia, al fin, en dichosa paz.

Sólo sé hablar de ti

Te amo porque eres amor.
Te gozo porque eres placer.
Te recito porque eres poesía.
Sólo sé hablar de ti.

Del mundo de la ficción,
nada quiero saber.
Cadenas que rompí.
Recuerdos que olvidé.

En cambio, de ti,
de ti quiero hablar.
Absoluto eterno amor
que, con empeño, conquisté.

Sin conocerte, ya te amaba.
Fuiste anhelo permanente y total.
En ti, la vida comencé.
En ti, la dicha del placer.
Eres felicidad perenne,
realidad de amor,
belleza pura.
Te amo fuera de la razón,
porque te amo en la verdad
de esta dimensión a la que llegué.

Por ti, soy remanso de paz,
belleza feliz.
Sólo sé hablar de ti.

Matar a la muerte

Este paraje entona
melodías amorosas.
Me reclino
en éxtasis de placer.
Todo fluye en dulce armonía.
Nadie lo llega a imaginar.

Es muy costoso camino.
Todo lo conocido hay que matar.
Matarse a uno mismo
para llegar a la libertad.
De lo que te enseñaron,
de lo que dicen que eres
nada es verdad.
Te adiestraron para vivir engañado
y que engañases a los demás.
Existes inmerso en el dolor,
estás tan muerto
que ni lo llegas a sospechar.
Sólo existes en la caverna.
Sólo sabes lo que ella te enseñó
con matrícula de honor.
Ahora ya, ni te atreves a girar la cabeza
por miedo a despertar
del profundo sueño en el que estás.
Eres producto de la mentira,

esclavo con hierros encadenado
y miedo a la libertad.
Tal vez, argumentes mil razones,
pero las razones no pertenecen a la verdad.
Todas caen
cual piedras que no se pueden elevar.
Cuanto más argumentes,
más lejos estarás de la realidad.

El paraje en el que vivo
entona melodías amorosas.
En él, me reclino en éxtasis de placer.
Vivo la dicha de la paz.
Después de matar a la muerte,
pude volar
a esta placentera libertad.

EXISTES, PERO NO VIVES

Existencia y vida se confunden,
sueño y realidad también.
Las sombras de la caverna
tergiversan lo que reflejan.

Los miopes se ponen a experimentar
y concluyen que la «vida» van a prolongar.
¡No! ¡La vida no!
Sólo existencia amarga
de anhelos y deseos,
de carencias y desaliento,
de lágrimas saladas.

Los miopes se ponen contentos.
Las élites de la pirámide
sonríen taimadamente:
podrán seguir alimentando
los demonios que llevan dentro.

¿Qué es la existencia?
¿Qué es la vida?
Una es cotidiana y familiar
como el lodazal o el agua del mar.
La otra totalmente desconocida
por ser remanso de libertad,
alas que vuelan tan alto
que sólo conocen
la dicha de la felicidad.

METAMORFOSIS

Cuando existía, parece ser
que era mineral, vegetal, animal.
Hasta decían que era humana y mujer.
Cada norma, cada ley, cada regla
definían lo que era
sin yo llegarlo a sospechar.
Parece ser que eran clasificaciones
por todos conocidas
menos por mí,
que no las conseguía entender.
Traté de hacerlo. Pero,
cuanto más lo procuraba,
menos me identificaba
con lo que decían de mí.

Lenta y pausadamente,
exploraba cada rincón,
cada resquicio;
cuanto más mínimo,
más interesante se volvía.
Exploración sigilosa,
hecha con cautela,
sin que nadie lo notara.
Lo que no me gustaba
lo rompía, lo tiraba
como si de papel se tratara.

Rompí reglas, leyes, normas,
poyos, cadenas, muros.
¡Todo lo que conocía!

Quedé sola, sin nadie, sin nada,
sin abrigo, sin apoyo,
sin nada que me sostuviera.
Desnuda, con frío,
cayendo consciente al vacío.
Procuraba caer
más hondo cada vez
para hallar la base
del pozo profundo en el que me hallaba.

Cuando hube llegado,
en el suelo me quedé.
Era un amargo dolor.
Fuera de artificios, de mentiras,
dormitaba para morir
sin querer subir.
Desvanecida, tranquila,
cual agonía, con serenidad,
prefiriendo la muerte
al dolor de la mentira,
a la amargura del engaño.

Allí, murieron ambos,
la amargura y el dolor.
Allí murieron,

no en el mío,
sino en su propio ataúd.
Tras esa metamorfosis,
sólo era alas,
alas que volaban
hacia el gran desconocido.

Los monstruos del pozo del mundo, todos,
se lanzaron contra mí.
Eran repugnantes, malvados.
Se alzaban queriendo devorarme,
queriendo que no saliese de allí.
Eran gigantes,
se estiraban a lo alto,
estiraban sus brazos con avidez,
abrían su boca deforme,
enseñaban sus dientes,
se retorcían de rabia.
Yo sentía mi poder.
Vigilante, sin descuido,
estaba segura
de que no podían alcanzar mi ser.

Ya no tenía calendario ni reloj.
Por encima, con esfuerzo, permanecí
hasta que las alas se hicieron sutiles
y, por primera vez, gocé,
muy lejos de allí,
del vuelo de la libertad.

La sonrisa y el placer
comenzaron mi rostro a dibujar.
El éxtasis de la alegría
me inundó de felicidad.
Noté una sublime armonía
y el cálido aliento de un universo
susurrándome su amor.
Mis alas volaron raudas, firmes,
veloces hacia allí,
hacia aquel inmenso amor.

En tal dicha me vi
que, por primera vez, sentí
que eso era vivir.
Vivir y vivir en el relax de la verdad.
Vivir y vivir en el éxtasis del placer.
Vivir y vivir la realidad de mi ser.
Vivir en este universo
que el lejano, feo y opuesto
no llega a sospechar.

Manantial de amor

Gozo de un sublime manantial.
Lágrimas de alegría y emoción
brotan con dulzura al contemplar
la sublime belleza de este lugar.

¡Qué inmensa belleza!
¡Qué inmenso goce en ella!
¡Qué manantial brota
en tan cálido paraje
donde el éxtasis es goce perenne
de belleza y amor!

No hay anhelos ni deseos,
sólo éxtasis permanente
en este manantial
continuo de placer,
de infinito amor,
de dicha tal…
que al vivir conocí,
conocí la plenitud de vivir.

Susurro continuo de paz

No soy de la tierra ni del mar.
Soy de manantial cálido y dulce
que brota muy lejos
de donde se puede sospechar.

Junto a él me reclino.
Él me susurra
dulces palabras de amor.

La armonía es perfecta,
infinita la belleza
y una melodía en mis oídos
suena cual susurro continuo de paz.

Nada tan bello,
mientras existía,
llegué a imaginar.

Ahora que vivo,
segura estoy
de que, aquí,
por siempre he de habitar
cual partícula feliz
en tan bello lugar.

Nada más sublime.
Nada más sutil.
Nada con más amor
del que este universo inundado está.
Universo que, con esfuerzo,
en secreto, un día alcancé.

Aroma inefable

Como las flores en primavera,
florece la belleza del lugar.
Fragancia nunca percibida,
aroma de amor invadiendo el sentido
en éxtasis tan feliz que la palabra
no alcanza a describir.

Cada partícula es más bella
que la más bella flor.
Todas nos arrullamos
en brazos del amor.

Dicha inefable
donde las partículas,
todas y cada una,
componemos este universo
de belleza infinita
e indescriptible paz.

Lágrimas de placer

Dulces lágrimas
brotan y se derraman
cual semillas de flores inefables.

En ti goza mi placer,
universo feliz.
De mis ojos germinan
lágrimas emocionadas
cual semillas felices en ti.

Vivo en tus brazos,
universo al que llegué,
y tus cálidos besos
diluyen mi ser
en manantial dichoso
de lágrimas de placer.

POESÍA

Poesía,
nadie puede sospecharte.
Eres pura,
llena de conceptos tan sublimes
que sólo conoce
quien en ti reside.
Universo de poesía,
belleza pura.

Sosiego y placer

En tan elevado paraje,
la poesía brota sin palabras
en dulce melodía
pura de armonía.

Aquí la vida
y todo mi ser
en dicha tan profunda
que el mundo de abajo
no puede entender.

Belleza pura.
Éxtasis sublime
donde gozan los sentidos
henchidos de sosiego y placer.

Aquí, la realidad,
auténtica felicidad
que el ingenio no alcanza
a imaginar.

Vivo en la verdad
del cálido aliento que invade mi ser,
en paraje tan hermoso
que sólo desprende placer.

FELICIDAD

Felicidad incomparable
de bellas partículas
que vuelan lenta y pausadamente.

Partículas que componen
bellezas infinitas
entonando cánticos
de sublime armonía.

Partículas que viven
separadas y unidas
en dulce paraje
de amor insospechado.

Alegres partículas
que ríen y gozan
la belleza de su alegría.

Partículas de amor
que sólo saben gozar y gozar
de su felicidad.

Partículas que ríen y cantan,
juegan y recitan
poesías mudas.

Partículas entre las cuales vivo,
siendo una más
en medio de la felicidad.

Belleza del ser

Un dulce pétalo
acaricia mi ser.
La dicha me inunda,
siento un sublime placer.
Los sentidos se deleitan
en la belleza del ser.

Pura y hermosa

Belleza de vivir feliz
en inefable amor.

Belleza de gozarte
por pura y hermosa.

Belleza de sentir
la felicidad más inmensa.

Belleza de quedarme sosegada,
ingrávida en este eterno instante.

PUREZA DE AMOR

Sosiego de paz.
Eterno instante.
La bondad se expande
de manera perenne.

No cabe felicidad más inmensa
ni belleza más pura
ni mayor pureza de amor.

La plenitud todo lo invade.
Pierdo el nombre
para ser esencia
en tan sublime paraje
que no admite comparaciones.

Profanación del arte

El arte es una entidad
tan elevada y bella
que en el pozo del mundo
no se puede reflejar.

No llaméis arte a todo eso
que del pozo del mundo reflejáis.
Estáis profanando la belleza,
cuya sublimación desconocéis.

Disolución de la materia

Aún tengo algo de materia
y no la quisiera tener.
No sé cuándo
podré conseguirla deshacer.
Necesito palabras repetir
como gotas de lluvia,
como cuando las nubes de sí mismas
se quieren desprender.

Ley inexorable existe
que la materia no puede eludir.
Tal certeza llena de alegría mi ser.
Risueña, doy saltitos de placer.
Dentro de poco,
del pozo del mundo,
voy a desaparecer.

¡Qué enorme alegría!
¡Qué sosiego!
¡Qué placer!
¡Adiós para siempre! ¡Adiós!

Disolución del cerebro

Necesito escribir
como las nubes necesitan la lluvia
para desaparecer.

Necesito escribir
para que el cerebro, de sí mismo,
se pueda desprender
y, en la nada del pensamiento,
dejar de existir
para, únicamente, vivir.

BELLEZA Y AMOR

La belleza no es comparable
con lo más bello que hayas podido ver.
El amor: la belleza más inmensa.
La belleza: puro amor.
Ambos sumergen este universo
en sosiego de placer.
Éxtasis donde los sentidos
se quedan ingrávidos,
llenos de plenitud.

PÉTALOS DE UNA AMOROSA FLOR

Soy partícula de amor.
En una flor, me recuesto
sosegada y feliz.

Los pétalos me arrullan
susurrando dulces palabras de amor.
La flor hace suave movimiento
meciendo mi ser
como una madre debiera mecer a su bebé.

Feliz quedo en brazos del amor,
entre pétalos delicados
de una amorosa flor.

REGAZO DE FELICIDAD

Placeres de belleza y armonía.
Partículas etéreas
de sublime sensibilidad
que la materia no puede adivinar.

Sensibilidad de belleza y bondad
que acaricia y arrulla los sentidos
en su regazo de felicidad.

PARTÍCULAS RISUEÑAS

Flotan las partículas
cual pétalos sublimes.
En el aire, se recrean
apacibles, llenas de alegría.

Sosiego de placeres
de belleza perfecta,
de pétalos de flores,
de partículas risueñas.

DIÁFANO VERGEL

Vergel de flores delicadas
de dulce fragancia
que dibuja los sentidos
de sonrisa placentera
y perfecta armonía.

Vergel diáfano,
a pesar de la espesura,
donde se deslizan partículas
de alegría
ante la grata belleza
que mece las flores
para deleite de los espectadores.

Guerra total

Quisiera desprenderme de las palabras
y telepáticamente expresar el sentimiento
que, en este lenguaje, no puedo transmitir.
Comunicaros que sí se puede.
Que puede quien consiga entender
el hilo de estos escritos.

Existe un paraje inmaterial
para quien busque la felicidad completa.
No es utopía.
Es verdad profunda
para quien prefiera la muerte
al dolor de la mentira,
a la amargura del engaño,
para quien sea capaz de mirarse
desnudo, sin egocentrismos,
percibiendo, como mucho,
que, tal vez, sea un peón del ajedrez.

La tarea es ardua, profunda,
valiente, prolongada.
Se nace sumergido en el mundo del engaño.
Quien anhele la vida
ha de enfrentarse a sí mismo,
a la nadería del propio ser,
a las falacias que lo componen

para llegar a lo más profundo
del pozo de mundo,
del pozo de su ser
y quedarse en él
contemplando serena y conscientemente,
con los ojos bien abiertos,
lo horrendo que es.

Es fase terrible,
de dolor inmenso
y corazón guerrero
donde no cabe la duda,
sólo la guerra total.

Ante el horror,
quietud y sosiego,
observación sin engaños,
tranquilidad y silencio,
honradez consigo mismo,
bondad ilimitada,
amor de máxima ternura
y la firme y clara decisión
de a dónde se quiere llegar.

Esas son las armas,
los escudos, las espadas.
Armas que no existen en el pozo del mundo,
porque no existe amor ni bondad.
Son armas que conducen a la victoria.
Sin ellas, nadie se puede elevar.

Desde la base del pozo del mundo,
con estas armas,
comienzan sutiles alas a germinar.
Los monstruos del mundo las persiguen.
Pero ellas se elevan por ser realidad
y ellos son mentiras como piedras
destinadas por el suelo a rodar.

Surgen alas de libertad,
desconocidas fragancias
y un universo que se puede alcanzar.
Universo donde comienza la vida,
la dicha de la paz,
la belleza del amor
que el pozo del mundo
no puede sospechar.

Universo de vida
henchido de felicidad
donde la paz
lo inunda todo,
donde la sublimación se vuelve exquisitez
de belleza y placer.

Fuerza irreductible

Todo es etéreo, delicado,
suave, sublime
de fuerza inconmensurable.

Amor, tú eres el máximo poder,
armonía imposible de resquebrajar,
sensibilidad imposible de herir,
belleza imposible de mancillar.

Fortaleza irreductible
de eterno esplendor
que ningún universo puede rozar.

Aquello que no es afín,
lo repeles con sabiduría y bondad,
con la ternura de quien sabe
que todo es inferior
a tu estado de inefable plenitud.

Sosegado manantial

Lento manantial
de flores delicadas
que brotan y se diluyen
en paraje sereno.

Las partículas flotan,
pétalos sublimes
que, en el aire,
regocijan su alegría.

Sosiego de placeres,
belleza perfecta,
armonía de paz,
partículas risueñas.

DELEITE DE BELLEZA PURA

Vergel de flores
de bella fragancia,
de sonrisa placentera
y perfecta armonía.

Deleite de alegría
mece los sentidos,
belleza pura,
serenidad tranquila.

EL AMOR ES LA FUERZA

Vida que respira amor.
Mundo ingrávido
de felicidad perfecta.

Seres etéreos
flotan dichosos
en sublime bondad.

Universo infinito
de dicha y firmeza
donde el amor es la fuerza.

Esfera perfecta

Tesoro inefable,
derroche de bondad
que este universo
colma de plenitud.

Plenitud generosa
donde la belleza
se expande
en esfera perfecta.

MANANTIAL DE PLACERES INDEFINIDOS

Manantial de concepto inefable
que brota en la pureza
e invade los sentidos
de placeres indefinidos.

Manantial transparente
que invade el lugar
de absoluta tranquilidad.

Manantial de placeres
bellos y sutiles
de continua belleza y felicidad.

Deleite de perfecciones

De una maravillosa flor
los pétalos se desprenden
danzando ingrávidos
cual bailarines
sin rozar el suelo.

Movimientos de armonía
donde la belleza se convierte
en música de alegría.
Baile sublime
que contemplamos
sumidos en la magia
de tan maravillosa danza.

Felicidad que inunda los sentidos
de placeres inefables
donde la vida goza
de continuos esplendores,
donde el ritmo se vuelve
sereno deleite de perfecciones.

A MI ÚNICO LECTOR

Habitantes de la Tierra,
no sois nada.
Estáis dormidos.
Sois piezas que mueve la pirámide.
Cobayas de su laboratorio.

Vosotros y vuestros descendientes
sólo sois un experimento
de los habitantes del Olimpo
sin llegar, ni tan siquiera, a sospecharlo.

Habitantes abrazados por Morfeo,
sumergidos en ensueño permanente,
sin percibir que lo único que importa
no es soñar, sino despertar.

Por ello escribo
esta serie de poemas
con débil esperanza.
Si al menos te sirven a ti,
mi único lector,
ya me doy por recompensada.

Destellos de felicidad

Algo bello y puro
se suma en cada momento.
Destellos que inundan el ambiente
de un color llamado felicidad.

EL DESPERTAR DE LOS SENTIDOS

El amor es belleza y paz,
vida y bondad.
Él abre los ojos,
destruye la esclavitud.
Deja que nazca el amor en ti,
ámate mucho,
sólo así despertarás.

El amor abre la consciencia,
te eleva a un lugar superior.
Es el gran poder,
la gran verdad,
la única libertad.

El camino es duro y prolongado,
una inmensa revolución interior.
Pero, sin él, sólo eres topillo
sin ojos para ver la luz,
para ver la vida que luce
fuera de la caverna
en la que habitas tú.

　　　Despierta los sentidos,
los tienes dormidos.
Nada tan poderoso, libre y lúcido,
nada tan revolucionario y desconocido
como el amor.

　　　Sólo por amor escribo.
Si te parece mentira,
párate a reflexionar
sobre la amargura y el dolor
que te corroen el corazón.

Revolución interior

Revolución interior
es revolución de amor.
Comienza por el amor a uno mismo.

Es operación secreta,
realizada en soledad.
Quien ofrezca ayuda
es un impostor.

Es buena la lectura
hecha con sentido crítico
y espíritu de libertad.

Sólo uno, a sí mismo,
se puede ayudar:
penetrando, indagando en su interior;
perdonándose con amor,
utilizando la humildad.

No se puede buscar que nos amen los demás.
Ha de buscarse en el interior de uno mismo,
que es donde se hallará.
Nadie puede pedir a los demás
aquello que él, a sí mismo, no se es capaz de regalar.

Se ha de olvidar lo aprendido,
las normas, las fórmulas,
las creencias en los dioses, en los hombres,
en la tierra, en el mar
y en el espacio interestelar.
Las creencias son contrarias a la verdad.

La revolución interior
comienza en la nada,
en el completo desnudo,
en el universo interior
que está desaparecido,
olvidado, moribundo.

Nos enseñaron a mirar hacia fuera,
pero nunca hacia dentro de nosotros mismos.
En nuestro interior reside nuestra verdad,
la única que importa, que vale,
desde donde se ha de comenzar.

Universo de amor

Universo creador de bondades,
de sosiego placentero
y belleza inefable.

Universo de amor
que llena e invade
la felicidad que contiene.

Universo al que llegué
y la dicha conocí,
conociendo el placer de vivir.

Dicha constante

Realidad de belleza
que inunda el ser,
felicidad de placer.

Realidad de amor que flota
en este universo de paz.

Realidad de vivir
la serenidad del instante
en esta dicha constante.

Poesía que nadie sospecha

Eres, poesía,
esencia pura,
sutileza inefable
en este universo
que nadie sospecha.

Inmensidad en calma

Se percibe la calma del aire
tranquilo y sereno.

Fragancia que invade
los sentidos en calma.

Plenitud de amor,
tan inmenso y tan en calma.

Densidad de amor

Flotan los sentidos
meciéndose dichosos,
volando serenos
de emociones llenas
y amor inmenso.

Conócete a ti mismo

Eres único,
a nadie te asemejas.
No pretendas conocer gente
o conocer mundo.
Conócete a ti mismo.
Descubre la realidad que eres.

Olvida todas las mentiras
que te contaron desde antes de nacer.
Descubre tu verdad,
tu ser individual.
Descubre y vive
la individualidad que eres
para que lleguen tus alas a germinar.

REVOLUCIÓN

Revolución es concepto más bello
que la más bella flor.

Revolución es concepto que genera
belleza de felicidad.

Revolución ha de existir en cada concepto
que anide en tu ser.

Revolución a la hora de sentir,
a la hora de ver sin mirar,
a la hora de escuchar sin oír.

Revolución para expandir
alas de libertad.

Revolución que exige
lo que corresponde al amor.

Revolución que destruye cadenas,
que alza el vuelo más allá
del espacio interestelar.

Revolución es concepto puro de amor
que el pozo del mundo emponzoñó
y la belleza siempre rescató.

Revolución interior
es la más inmensa y necesaria revolución.

Deleite

Deleite de vida,
deleite de amor
inunda mi esencia de placer.
Deleite de universo
de belleza en flor.

La felicidad que soy

Tan bella felicidad vivo
que anhelo expandirla por doquier.
Expandir infinitos pétalos al viento
de la felicidad que soy.

La estrella que vi

En una noche negra, sin luna,
una inmensa estrella vi.
Dijeron que era mía.
Cuando llegué,
un universo de belleza y amor
se abrió ante mí.

¡Qué placer tan inmenso
el de vivir en ti!
Ser dicha y sublimación
en tu elevado ser
éxtasis de belleza y placer.

Felicidad inflamada

Felicidad que me arrulla
en su delicado regazo
de madre inexistente,
amando mi esencia
de pureza tranquila.

Los sentidos abandonados
y la felicidad acariciando
esta dulce realidad
de ternura y amor
inflamada.

Maravilla etérea

Giros y giros de pinceles
de pálidos colores,
de belleza infinita
y suavidad ondulada
de tenues filigranas
pintadas en el aire.
Maravilla etérea,
invisible y real.
Belleza suprema.

AROMAS DE PAZ

La dicha invade el lugar.
Las suaves partículas,
el universo de paz.
Quisiera entonar una melodía
imposible de expresar.
Goce de fragancias extasiadas
en amante aroma
de eterna paz.

Felicidad de amor inundada

La dicha flota
cual bailarina feliz
danzando a cámara lenta.

Los colores se tornan
en pálida armonía.

Todo se vuelve sonrisa,
sublime felicidad
de amor inundada.

BELLEZA

Belleza infinita se expande
en esta vida de paz.
Feliz como el amor.
Diáfana, cual ella es.
Blanca, continente de colores.
Pureza sin mácula.
Elevada igual que su ser.

EXISTENCIA Y VIDA

Probé la ponzoña de la existencia.
¡Ficciones que soñé!
Me deleito en el almíbar de la vida.
¡Felicidad completa!

Paseando

Y siempre pasear
por este bello lugar
donde una suave brisa
me llena de felicidad.

Lentamente pasear
admirando la belleza
al contemplar
fragancias llenas de paz.

Siempre pasear
y este vergel admirar,
sublime y sutil,
en medio de la eternidad.

El universo alcanzado

Es tal la belleza del universo alcanzado
que la paz se expande perenne
y el amor inunda la felicidad,
elevada y sublime,
que arrebata los sentidos
en goce inefable por desconocido.

Sólo los náufragos llegan hasta aquí.
Sólo los que mueren en «vida» llegan hasta aquí.
Sólo los desposeídos llegan a poseer
esta belleza inefable de inefable amor.

MI CANCIÓN ES PARA TI

Hoy, como siempre,
mi canción es para ti.
Inexistente materia.
Sublime realidad.
Belleza sin forma.
Aroma de generosidad.

Hoy, como siempre,
mi canción es para ti.
Tiempo inexistente.
Lágrimas de miel.
Verdad permanente.
Amor de dulce panel.

Te amo tanto, amor.
Sólo tú existes en mí.
Solamente tú, amor,
me colmas de placer.
Deleite de jardines en flor.
Armonía de templada calidez.

Revolución del ser

Que tus ojos miren la belleza,
ciegos a la fealdad.

Que tu corazón viva el amor
de odio vacío.

Que tus manos acaricien la bondad,
inertes a la maldad.

Que tu boca pronuncie palabras de armonía
desconociendo la palabra soez.

Que en ti anide la alegría
desterrando la tristeza muy lejos de ti.

No escuches las pestilentes voces del pozo del mundo.
Permanece elevada, inmersa en la belleza del amor.

Sólo esto te hará libre,
inmune a virus y bacterias que, en ti, pretendan habitar.

Es la revolución interior, la revolución del ser,
del ser dotado del máximo poder: el del amor.

VENCEDORA

Hoy, me proclamo vencedora
sobre el lodo de la tierra.

Hoy, siento mis alas
de muy fina seda.

Hoy, siento muy dulce aroma,
vuelo plácidamente
en el maravilloso éter
de la dicha que me inunda.

¡Qué felicidad tan grande,
sublime amor sin materia!

NI ADIÓS NI HASTA LUEGO

No digo: ¡Adiós!
No hubo despedida
cuando, realmente, me fui.

No digo: ¡Hasta luego!
Sé que ni siquiera en la eternidad
nos volveremos a ver.

Universo donde vivir

Este universo
es el único lugar donde consigo vivir.
Armonía de los sentidos,
amor y belleza donde hallo la bondad.

POESÍA, ERES VIDA EN MÍ

Sólo en ti puedo ser.
Sólo en ti estar.
Solamente en ti.
Poesía de belleza,
de tan elevado amor
que no puedo sin ti estar.

Solamente en ti vivir.
Lejos, infinitamente lejos,
del duro peñasco del existir.

Sólo tú, poesía,
elevado amor,
eres vida en mí.

Solamente tú.
Fundida estoy en ti.
Belleza sublime de amor.

Sólo vivo en ti

¡Qué goce tan elevado
el de este sublime bosque!
Árboles de ramas cubiertas de muy fina seda.
Hojas que son pétalos de flores,
suaves y sutiles,
envolviendo mi ser
en tan dulce ternura,
en caricias tan gozosas,
que entera me inundo
del elevado placer
de sólo vivir,
belleza, en ti.

La partida

El día que me vaya,
me iré con mi equipaje de amor a otra parte.
Me iré con todo mi amor para no volver.
Y, allí, en la nada del infinito me reuniré
con los hijos que no traje al pozo del mundo,
porque, realmente, los amé.

Partir sin dejar pétalos de amor en la partida.
Partir llevándome mi amor conmigo.
Partir sin que nadie me despida.
Partir con los ojos cerrados.
Partir con los labios dibujando la sonrisa de la victoria.
Partir con todo mi equipaje de amor al infinito de la nada.

Bella entre las bellas

Poesía, pasión de mi existencia.
¿Qué hubiese sido de mí, sin ti?
¿Dónde las flores?
¿Dónde la vida?
¿Dónde mi llegar aquí, sin ti?
Imposible todo sin ti, poesía.
Belleza pura de amor.
Infinita belleza que, en tu regazo, me arrullaste
con la ternura que yo necesité,
con la ternura que sólo tú sabes ofrecer.
¡Bella entre las bellas!
Elevada como este universo
donde ambas somos aromas de plenitud,
inefables y elevadas como la belleza o el amor.

SE VAN LAS PALABRAS

Se van las palabras.
Palabras que tanto amé.
Palabras que parieron
el aire que respiré.

Se van las palabras.
Se van para no volver.
Conmigo se van,
en la abstracción de mi ser,
bellas palabras
que no pronunciaré.

Os rindo homenaje.
Me hicisteis crecer.
Ver más allá del árbol,
del bosque y transcender
a un mundo inefable
del que no regresaré.
Felicidad inmensa
en la que siempre viviré.

Poesía de mi vida

Adiós para siempre, adiós.
De todo me despido
menos de ti, poesía.

Abriste este universo
del sublime gozo
al que contigo iré
para siempre junto a ti.

Poesía de mi vida.
Vida, eres tú.
Sublimación de la palabra
que pierde el sonido
para caer en tu nido de amor.

Contigo para siempre iré.
Para siempre junto a ti.
Para nunca volver.
Poesía elevada y pura,
suprema belleza de amor.

De la caverna a la plenitud

Habitando en la caverna
fui mujer.
Rompiendo las cadenas,
entidad guerrera.

Viviendo en este universo,
inefable belleza de amor,
partícula gozosa
de placeres inflamada.

EL TESORO DE LA BONDAD

Tuve la suerte de nacer
con la bondad en mis manos.
Siempre la amé de manera primorosa.
Fue mi tesoro,
inalcanzable para otros,
poseído por mí.
¡Qué gran felicidad me ha dado!
¡Cuánta me sigue proporcionando!
Sin ella, sólo hubiese sido
un triste peón del ajedrez.
Con ella, soy la reina,
la poderosa reina que todo lo domina,
que, por el pozo del mundo, camina altiva,
orgullosa de tener la bondad en ella,
de saberse la más fuerte,
la única capaz de volar
más allá del espacio interestelar.

Sólo existe un gran tesoro.
Ese tesoro se llama bondad.
Sin ella, no hay dicha
ni amor ni alegría ni felicidad.

¡Qué pena me da del pozo del mundo,
de los que por él caminan sin rumbo,
sin poder percibir ni por un instante
el dulce tesoro de la bondad!

Llave maestra

La palabra es herramienta poderosa.
Más poderosa que ninguna.
Es la primera en llegar, desnuda, hueca.
Después, vienen los conceptos
dando vueltas, lentamente, en espiral,
enriquecciendo las neuronas,
abriendo caminos, puertas, cerraduras, candados,
rompiendo las cadenas de la ficción,
los lazos, los hilos, las telas de araña.

Trata con mimo a la palabra.
Es el gran tesoro, la llave maestra
que abre la caverna en la que, quizá,
no hayas notado que habitas.

PODEROSA ES LA PALABRA

La palabra es el arma más poderosa de todas.
Para bien o para mal.
Selecciona bien las palabras que pronuncias.
Selecciona, aún mejor, los conceptos que llevan dentro.
Cada palabra entraña múltiples pensamientos.
Sé crítico y selectivo con ellas,
con los conceptos que guardan.
Ellas, sin que te des cuenta,
te llevarán a naufragar en el pozo del mundo
o, dándote cuenta, a volar libre, muy libre,
más allá del espacio interestelar
donde se realiza
la gran revolución de la libertad,
del amor, de la bondad, de la dicha
que todos, con esfuerzo, podemos alcanzar.

Céntrate

Sólo existe una compañía:
la que cada uno se hace a sí mismo.
Si tú no te acompañas,
¿te crees digno de que te acompañen los demás?
Si tú no te amas y te regalas,
¿te crees digno de que te amen y te regalen los demás?

Profundiza en ti mismo.
¡Descubre si te amas en realidad!
No busques en los demás
lo que a ti mismo no te eres capaz de regalar.

Miedo y precaución

Una cosa es el miedo.
Otra, muy distinta, la precaución.
Esta última es virtud.
El miedo la cadena más férrea de la prisión.

La precaución te salva de los peligros.
El miedo de nada salva,
solamente ata,
férreamente, a la esclavitud.

DONDE NADA EXISTE

Soy lo que no existe.
Entidad sin materia
que al viento susurra
sonidos silentes,
sílabas silvestres,
inexistentes silbidos,
brisa que abanica
la faz de esta entidad
que sólo vive
donde nada existe.

MIEDOS

¿A qué tienes miedo?
¿A la muerte?
Eres un muerto.
¿A la enfermedad?
Eres un enfermo.
¿A la locura?
Eres un loco.
¿Al engaño?
Eres tú quien se engaña.
¿A la pobreza?
Eres un pobre hombre o mujer.
¿A la oscuridad?
Pero si nunca has visto la luz.
¿A la tormenta?
Si todo es tormenta en ti.
¿A la soledad?
Existes en soledad,
pues no te acompañas a ti mismo.

Los miedos son fantasmas
que reflejan tu realidad.
Solamente tú
los puedes desenmascarar.

La nada

Siempre fui nada.
En la nada de mi ser,
crecí para permanecer
en la nada eternamente.

Nada más bello
ni más grande ni más real
que ser nada sin inicio ni final.

Índice

Soy un poquito animal 9

Ficción 10

Raza humana 11

Amor insospechado 13

Soy de ninguna parte 14

No llames a mi puerta 15

El gran desconocido 16

Insospechado lugar 17

Mutismo sonoro 19

Goce indefinido 20

Belleza de amor 21

Goce sublime 22

Plenitud 23

Paraje de amor 24

Bondad de sabiduría 25

Elevado lugar 26

Secreto de amor 27

Sublime sensación 28

Armonía 29

Inefable realidad 30

Cerebro infiel 31

La vida conocí 32

No hay medida 33

Regalo de poesía 34

Descanso feliz 35

Felicidad de amor 36

Remanso de bondad 37

En libertad...38

A María Eugenia García Gutiérrez (I) 39

Grandeza 44

A María Eugenia García Gutiérrez (II) 46

Sin palabras...48

Caudal de paz 49

Sólo sé hablar de ti...50

Matar a la muerte..52

Existes, pero no vives 54

Metamorfosis...55

Manantial de amor...59

Susurro continuo de paz 60

Aroma inefable 62

Lágrimas de placer 63

Poesía 64

Sosiego y placer 65

Felicidad 66

Belleza del ser 68

Pura y hermosa..69

Pureza de amor..70

Profanación del arte 71

Disolución de la materia 72

Disolución del cerebro...73

Belleza y amor 74

Pétalos de una amorosa flor 75

Regazo de felicidad..76

Partículas risueñas 77

Diáfano vergel 78

Guerra total 79

Fuerza irreductible 82

Sosegado manantial 83

Deleite de belleza pura 84

El amor es la fuerza 85

Esfera perfecta 86

Manantial de placeres indefinidos 87

Deleite de perfecciones 88

A mi único lector 89

Destellos de felicidad 90

El despertar de los sentidos 91

Revolución interior 93

Universo de amor 95

Dicha constante 96

Poesía que nadie sospecha 97

Inmensidad en calma 98

Densidad de amor 99

Conócete a ti mismo 100

Revolución 101

Deleite 103

La felicidad que soy 104

La estrella que vi 105

Felicidad inflamada 106

Maravilla etérea 107

Aromas de paz 108

Felicidad de amor inundada 109

Belleza 110

Existencia y vida 111

Paseando..112

El universo alcanzado...............................113

Mi canción es para ti................................114

Revolución del ser...................................115

Vencedora..116

Ni adiós ni hasta luego.............................117

Universo donde vivir................................118

Poesía, eres vida en mí.............................119

Sólo vivo en ti...120

La partida..121

Bella entre las bellas................................122

Se van las palabras...................................123

Poesía de mi vida.....................................124

De la caverna a la plenitud.......................125

El tesoro de la bondad..............................126

Llave maestra...127

Poderosa es la palabra..............................128

Céntrate..129

Miedo y precaución..................................130

Donde nada existe....................................131

Miedos..132

La nada...133

Sobre la autora

María Ascensión Fernández Pérez nació en Santander (España) el 14 de julio de 1958. Se cultivó a sí misma, llegando a entender el *Quijote* y el libro del Tarot, entre otros. Evoluciona a través de la literatura, la historia, la filosofía y lecturas herméticas para profundizar en sí misma y emprender el camino a la felicidad, consiguiendo la victoria.